25 mars 1892

Vente du 25 Mars 1892

COLLECTION

JOHN SAULNIER

DE BORDEAUX

PARIS

IMPRIMERIE GÉNÉRALE LAHURE

9, RUE DE FLEURUS, 9

COLLECTION

JOHN SAULNIER

DE BORDEAUX

COLLECTION JOHN SAULNIER

DE BORDEAUX

12

TABLEAUX MODERNES

DE PREMIER ORDRE

DONT LA VENTE PUBLIQUE AURA LIEU A PARIS

GALERIE SEDELMEYER

4 bis, RUE DE LA ROCHEFOUCAULD, 4 bis

Le Vendredi 25 Mars 1892

A 3 HEURES PRÉCISES

Par le ministère de Mr PAUL CHEVALLIER, Commissaire-Priseur

10, rue Grange-Batelière, 10

ET SOUS LA DIRECTION DE

M. CHARLES SEDELMEYER

6, rue de La Rochefoucauld, 6

EXPOSITION PARTICULIÈRE	EXPOSITION PUBLIQUE
Le Mercredi 23 Mars 1892	Le Jeudi 24 Mars 1892

DE 1 HEURE A 5 HEURES

Ce Catalogue se distribue à

PARIS. . . . . . . Chez **Me Paul Chevallier**, 10, rue Grange-Batelière.

— . . . . — **M. Charles Sedelmeyer**, 6, rue de La Rochefoucauld.

LONDRES. . . . . — **MM. Boussod, Valadon et Cie**, 117, New Bond Street.

NEW-YORK. . . . — — **M. Knoedler et Cie**, 170, Fifth Avenue.

CHICAGO. . . . . **The Art Institute.**

CONDITIONS DE LA VENTE

Elle sera faite au comptant.

Les acquéreurs payeront *cinq pour cent* en sus des adjudications, applicables aux frais.

COROT

(CAMILLE)

1 — Paysage aux environs de Paris.

Au premier plan, sur une prairie, près d'un petit bosquet, causent deux femmes dont l'une est assise. A gauche, au loin, dans un pli de terrain, les maisons d'un village montrent leurs toits rouges.

Signé à droite : *Corot.*

Toile. Haut. 27 cent. ; larg. 40 cent.

COROT

(CAMILLE)

2 — Paysage : Souvenirs de Larricia.

Au centre, un haut et bel arbre s'isole sur la lisière de la forêt qu'on voit à gauche.

Au fond, les constructions d'un palais.

Un faune tenant une coupe à la main entraine gaiement une nymphe. Le couple se dirige vers la droite, et est épié par un autre faune caché derrière un arbre.

Charmant tableau, d'une grande finesse de tons.

Signé à gauche : *Corot.*

Toile. Haut. 53 cent. ; larg. 36 1/2 cent.

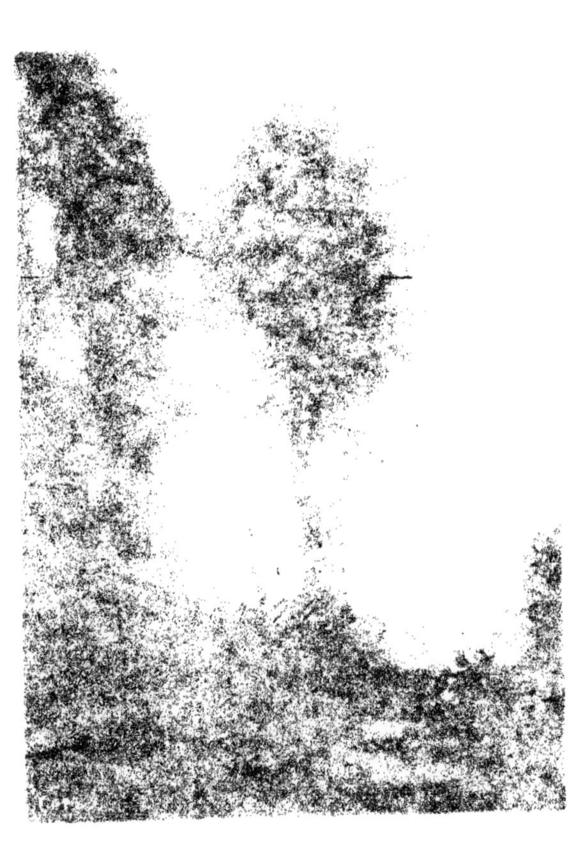

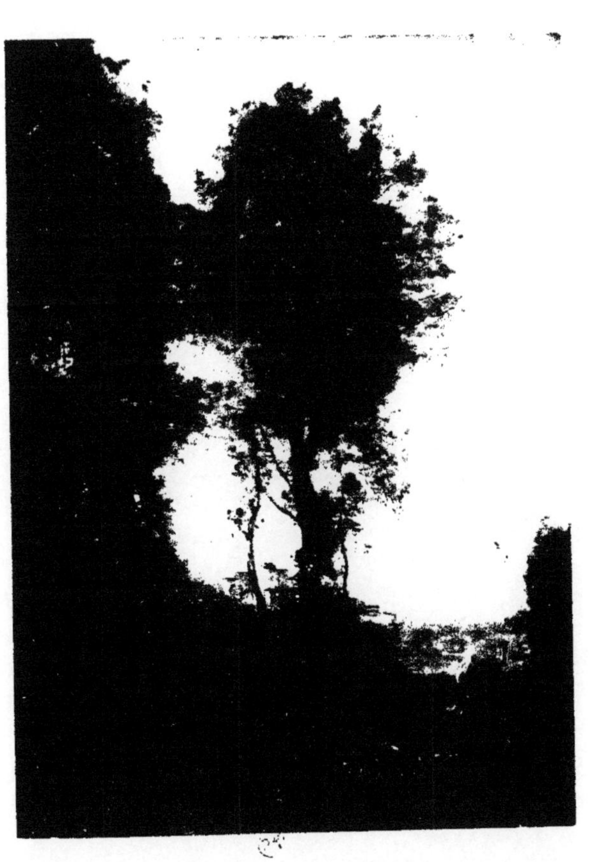

COROT

(CAMILLE)

3 — Jeune Fille costumée en grecque.

Vue de trois quarts, elle a enroulé autour de ses cheveux un foulard multicolore qui lui tombe sur le dos.

Elle porte un manteau de couleur jaunâtre et à petites broderies; la taille est serrée par une ceinture rouge dont elle tient un bout dans sa main gauche.

Signé à droite : *Corot.*

Toile. Haut. 83 cent. ; larg. 54 cent.

COROT

(CAMILLE)

4 — Paysage : Souvenirs d'Italie.

Au premier plan, un chemin ensoleillé, bordé à gauche d'un terrain rocheux, conduit vers le village dont on aperçoit, au loin, les premières maisons. A droite, un grand bouquet d'arbres, et, sur une bande de gazon, le long du chemin, deux femmes qui semblent cueillir des fruits.

Au fond, une échappée de ciel nuageux et clair.

Signé à gauche : *Corot*.

Toile. Haut. 56 1 2 cent. ; larg. 45 cent.

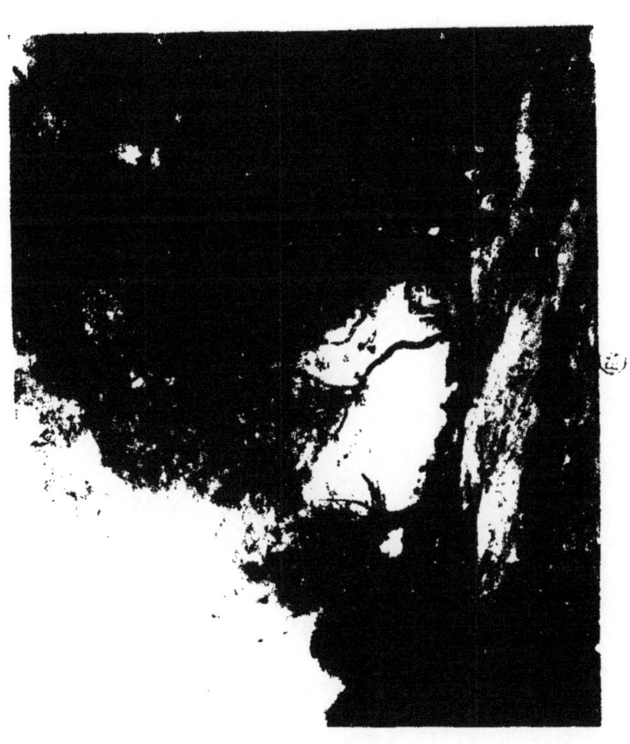

COURBET

(GUSTAVE)

5 — Effet de neige.

Dans une gorge solitaire, où pénètrent les dernières lueurs d'un soleil couchant, se trouve une cabane adossée contre un rocher. A gauche et au fond, des rochers escarpés avec quelques arbres. Le tout est couvert d'une couche de neige qui scintille également autour des branches des arbres.

Signé à gauche : *G. Courbet.*

Toile. Haut. 40 1/2 cent. ; larg. 36 1/2 cent.

COURBET

(GUSTAVE)

6 — Un Taureau et une Génisse.

Sur un plateau, dominant un vallon, se trouvent, une vache grise et un taureau à robe brune tachetée de blanc. Au fond, à gauche, sur un rocher, on aperçoit les maisons d'un hameau.

Plus loin, la vue est bornée par une colline dont le flanc abrupt descend vers la vallée. A droite, au pied d'une colline boisée, un ruisseau.

Le ciel chaud d'une après-midi d'été est couvert de quelques nuages légers.

Signé à gauche : *G. Courbet.*

Toile. Haut. 88 1/2 cent. ; larg. 115 cent.

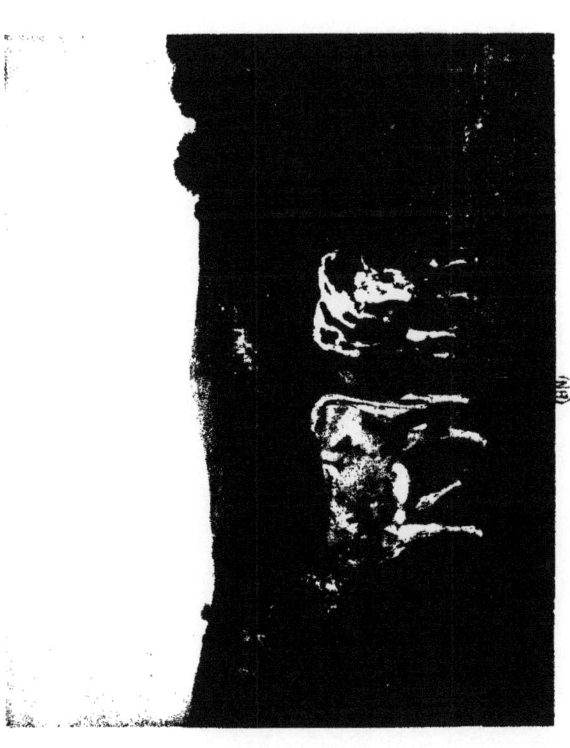

DAUBIGNY

(CHARLES)

7 — Une Plage à marée basse.

Allant de droite à gauche, où elles se perdent à l'horizon, les hautes falaises déroulent leur silhouette édentée sous un ciel gris d'automne. Au premier plan, le lit sablonneux de la mer que les eaux, retirées au loin, ont laissé à découvert. Au second plan, s'étendent jusqu'aux falaises des couches de varech. A gauche, vers l'horizon, la nappe claire d'une mer calme.

Signé à droite : *Daubigny*, 1876.

Bois. Haut. 30 cent. ; larg. 49 cent.

DELACROIX

(EUGÈNE)

8 — Jésus endormi dans la barque pendant la tempête.

La barque renfermant le Christ et ses disciples est assaillie par les flots furieux, contre lesquels les rameurs sont impuissants à lutter. A l'un d'eux est échappé l'aviron, qu'il cherche, épouvanté, à rattraper.

Tandis que le Christ, la tête entourée d'une auréole, dort d'un sommeil calme que rien ne trouble, l'épouvante et le désespoir règnent parmi les neuf autres occupants de la barque.

Au fond, la côte montagneuse se détache sur un ciel de tempête.

Par la merveilleuse splendeur du coloris, l'énergie des gestes, la conception dramatique et grandiose, ce tableau est un des chefs-d'œuvre du maître, et l'une des plus hautes expressions de l'art moderne.

Signé à gauche : *Eug. Delacroix.*

Toile. Haut. 49 cent. ; larg. 60 cent.

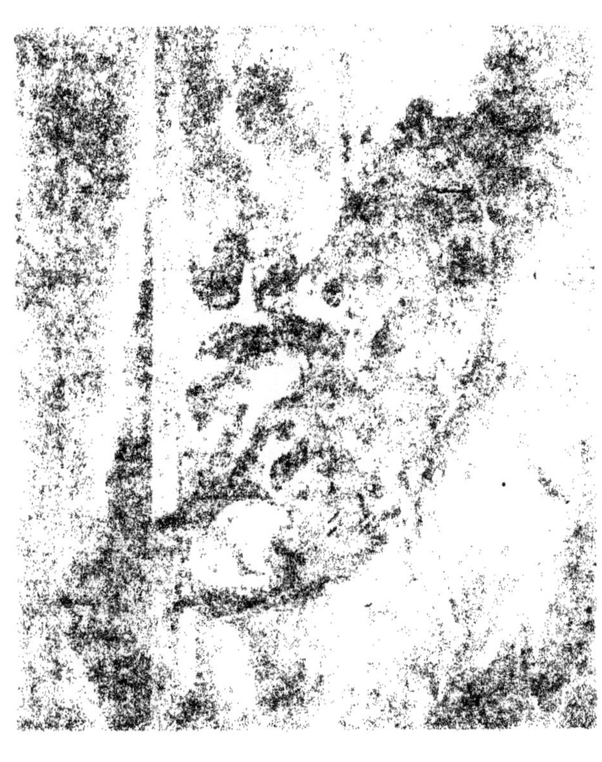

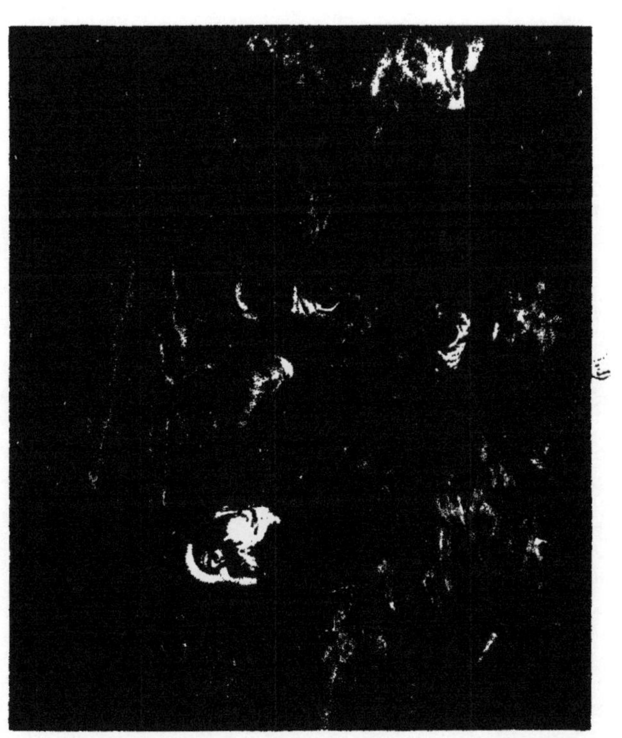

JONGKIND

J.-B.

9 — Dans le port de Rotterdam.

A droite, amarré contre le quai, est un voilier dont les deux mâts dépassent, en hauteur, un groupe d'arbres qui, lui-même, masque en partie les maisons en briques du quai.

A gauche, sur les eaux du port, s'avance un canot avec trois personnages.

Au fond, on aperçoit la mâture d'autres voiliers, un moulin à vent et un pont à bascule.

La lumière chaude du soleil couchant traverse l'atmosphère brumeuse du soir et se reflète dans l'eau du bassin.

Signé à gauche : *Jongkind*, 1871, et à droite : *Rotterdam.*

Toile. Haut. 32 1/2 cent. ; larg. 45 1/2 cent.

MILLET

(J.-F.)

10 — La Baigneuse.

Une jeune gardeuse d'oies, déshabillée, ayant seulement un fichu bleu sur la tête, est assise aux pieds de deux saules, sur les bords d'une petite rivière dont les eaux limpides coulent sous les ombrages d'un bosquet traversé par les rayons du soleil.

Elle met le pied dans l'eau et semble hésiter avant d'y entrer.

Au second plan, un troupeau d'oies sur l'eau et au bord de la rivière. Au fond, à droite, sur un plan plus élevé, on aperçoit, derrière les feuillages, deux vaches.

La richesse de la composition, le modelé délicat du corps de la jeune fille, la fraicheur et le naturel de la couleur, ainsi que la naïveté et la poésie de la composition, font de ce ravissant tableau une perle dans l'œuvre du maître. Depuis l'*Angelus*, il n'a pas paru, en vente publique, un tableau aussi complet et aussi précieux de Millet.

Signé à gauche : *J. F. Millet.*

Toile. Haut. 36 1/2 cent. ; larg. 45 cent.

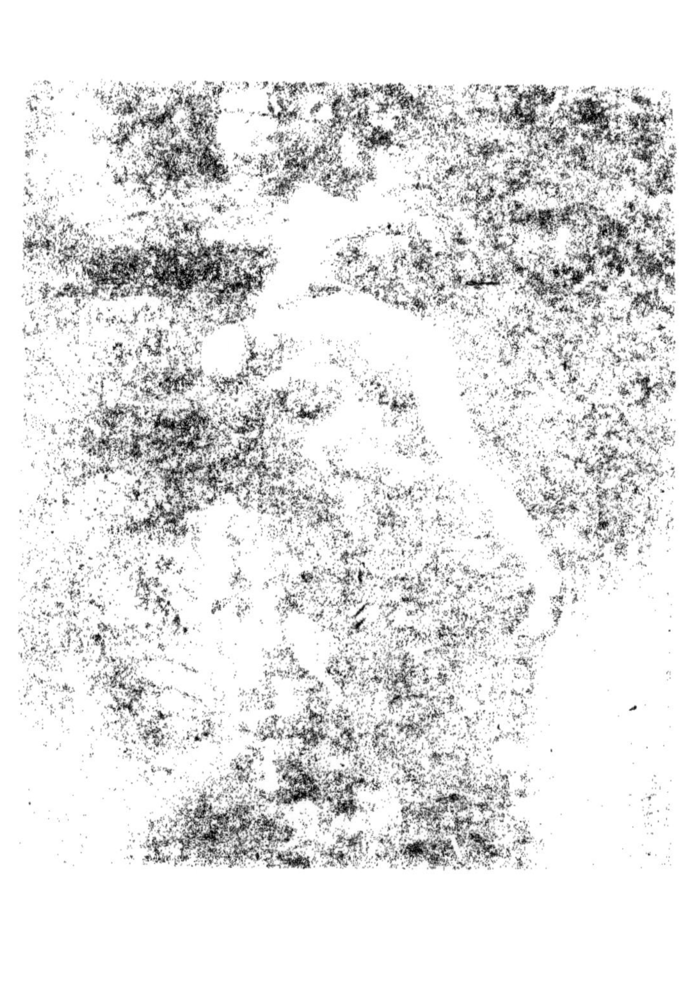

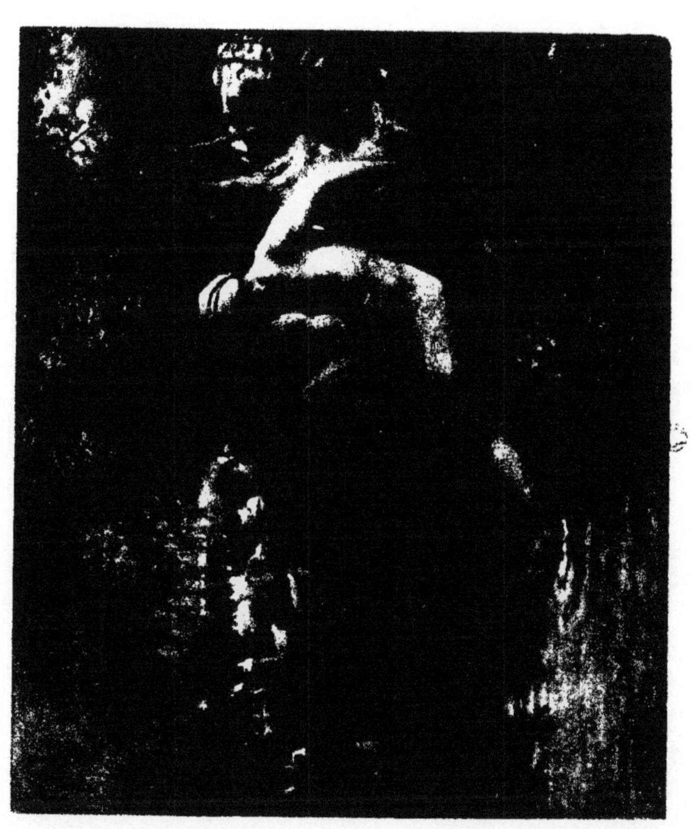

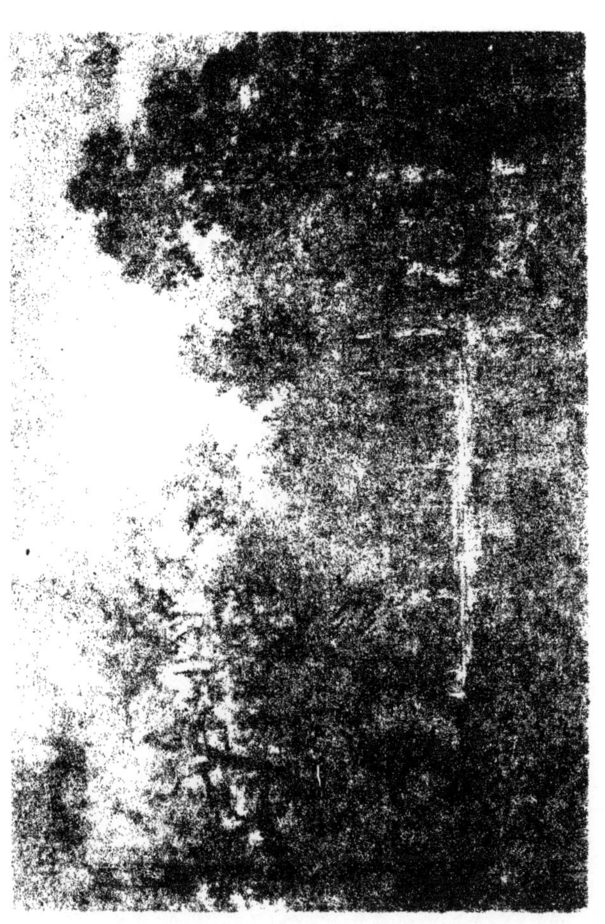

ROUSSEAU

(THÉODORE)

11 — La Forêt de Fontainebleau.

Dans la profondeur du bois, entourée d'arbres séculaires qui s'y reflètent, une mare qui s'étend jusqu'au premier plan.

Le ciel d'un bleu intense, traversé par quelques nuages vivement éclairés, complète cette composition qui rend si bien la majestueuse solitude des grands bois.

Tableau largement exécuté.

Toile. Haut. 62 cent. ; larg. 96 1/2 cent.

TASSAERT

(OCTAVE)

12 — Portrait du Docteur X...

Vu de face, il est assis dans un fauteuil, vêtu d'une redingote et d'un manteau noirs. Le bras gauche est appuyé sur le dos de sa chaise.

Toile. Haut. 32 cent. ; larg. 23 1/2 cent.

www.ingramcontent.com/pod-product-compliance
Ingram Content Group UK Ltd.
Pitfield, Milton Keynes, MK11 3LW, UK
UKHW020447180726
13839UKWH00004B/1671

9 782329 530789